생각을 여는
처음탄탄 한국사

04

고려 후기

생각을 여는

처음탄탄 한국사

04
고려 후기

김현숙 글 | 김지희 그림

스푼북

차례

01 몽골이 고려를 침략한 이유는? _7
02 고려가 팔만대장경을 만든 이유는? _17
03 몽골에 맞서 끝까지 싸운 사람들은 누굴까? _23
04 고려가 원나라의 사위 국가가 되었다고? _29
05 단군 이야기가 담긴 역사책이 나왔다고? _35
06 고려 사람들의 생활 모습은? _41
07 원 간섭기에는 어떤 사람들이 세력을 떨쳤을까? _47

08 오늘날 남아 있는 고려 시대 건축물은?　_53

09 원나라에 맞서 개혁을 펼친 왕이 있다고?　_61

10 성리학을 받아들인 사람들이 있다던데?　_69

11 홍건적과 왜구를 물리치며 성장한 세력은?　_75

12 금속 활자로 책을 찍어 냈다고?　_81

13 화약과 화포를 만들어 왜구를 물리쳤다고?　_87

14 위화도에서 군대를 돌렸다고?　_95

- 연표 _ 102
- 찾아보기 _ 104
- 사진 저작권 _ 106

몽골이 고려를 침략한 이유는?

"공격하라!"
"와아아아!"
1231년, 고려 국경 주변에서 심상찮은 소리가 들려왔어. 수많은 사람들의 함성과 여러 마리의 말들이 한꺼번에 힘차게 땅을 박차는 소리였지. 군사들은 무서운 기세로 성문을 향해 빠르게 달려 나갔어.
이 사람들은 도대체 누구일까?

최씨 무신 정권이 한창 권력을 휘두르던 1200년대 초, 고려 북쪽 국경 너머에서 큰 변화가 생겼어. 유라시아* 초원 지대에서 몽골이 사나운 기세로 영토를 넓히기 시작한 거야.

유라시아
유럽과 아시아를 아울러 이르는 말이야.

사실 그전까지만 해도 몽골은 여러 부족으로 나뉘어 살았어. 그러던 어느 날 테무친이라는 사람이 나타나 부족을 통일하고 몽골 최고의 지배자인 '칸'의 자리에 올랐어. 이 사람이 바로 세계를 휩쓴 정복자 '칭기즈 칸'이야.

몽골은 거침없이 땅을 넓혀 나갔어. 그 결과 세계에서 가장 넓은 제국을 세우게 되었지. 드넓은 초원은 물론 오늘날 중앙아시아에서 유럽에 이르는 땅이 모두 몽골의 차지가 되었어. 서쪽으로 한창 세력을 넓혀 가던 몽골은 이번에는 동쪽의 중국과 한반도로 눈을 돌렸어.

▲ **칭기즈 칸**
칭기즈 칸은 몽골 초원의 여러 부족을 통합하고 몽골의 최고 지배자가 되었어.

1218년, 몽골군에 쫓긴 거란이 고려 땅을 침범했어. 몽골은 고려와 힘을 합쳐 거란을 물리쳤어. 몽골은 이 일을 핑계로 고려에 공물*을 바치라고 요구했지. 힘센 자신들이 거란을 물리쳐 줬으니 그 은혜를 갚으라는 것이었어. 고려는 어쩔 수 없이 몽골에 공물을 바쳐야만 했지.

공물
옛날에 힘이 약한 나라가 힘이 센 나라에 바치던 물건을 말해.

그러다가 1225년, 공물을 걷으러 찾아온 몽골 사신 저고여가 고려 국경에서 살해당했어. 몽골은 고려가 음모를 꾸며 사신을 죽였다고 의심했지. 고려는 사신을 죽일 이유가 없다고 맞섰어. 이 사건으로

▼ 몽골군에 맞서 싸우는 유럽 연합군을 묘사한 그림

두 나라의 관계는 끊어지고 말았지. 6년 뒤, 몽골은 저고여 살해 사건을 핑계로 군대를 이끌고 고려로 쳐들어왔어.

몽골은 압록강을 건너 단숨에 국경 지역의 여러 성을 함락시켰어. 고려는 몽골의 공격에 필사적으로 맞섰지만 크게 패배하고 말았지.

패배를 거듭하던 고려군은 귀주성으로 모였어. 그리고 목숨을 잃더라도 이곳만큼은 내어 주지 않겠다며 각오를 단단히 다졌지. 몽골군은 귀주성을 겹겹이 둘러싸고 공격을 퍼부었어. 고려군은 하나로 똘똘 뭉쳐 싸웠어. 몽골군의 생각과 달리 성은 쉽사리 무너지지 않았지.

초조해진 몽골군은 성벽 옆으로 풀과 나무를 잔뜩 담은 수레를 쌓

기 시작했어. 여기에 불을 붙여 공격할 생각이었지. 하지만 고려군은 펄펄 끓는 쇳물을 부어 수레를 태워 버렸어. 이렇게 한 달 넘게 버틴 끝에 고려는 몽골로부터 귀주성을 지켜 낼 수 있었지.

몽골은 귀주성을 포기하고 작전을 바꾸어 곧장 개경으로 말을 달렸어. 이 소식에 고려 조정은 부랴부랴 군대를 꾸려 보냈지만 크게 패하고 말았지.

▲ 몽골군의 침입

▼ 강화산성
고려가 강화도로 수도를 옮기며 쌓은 성이야.

몽골은 개경을 거쳐 충주까지 내달리며 닥치는 대로 약탈을 일삼았어. 결국 고려는 몽골에 무릎 꿇고 말았지. 몽골은 엄청난 공물을 받고 군대를 물렸단다.

하지만 몽골과의 싸움은 이걸로 끝나지 않았어. 당시 권력을 쥐고 있던 최우가 몽골에 끝까지 맞서 싸우자며 수도를 강화도로 옮겼거든. 이 소식에 몽골은 화가 나 길길이 날뛰었어. 강화도에서 나와 당장 항복하라며 윽박질렀지만 최우는 들은 척도 하지 않았지. 몽골은 다시 군대를 이끌고 고려로 쳐들어왔어.

전쟁이 일어나자 최우는 큰소리쳤던 것과 달리 강화도에 꽁꽁 틀어박혀 나오지 않았어. 그러면서 몽골의 무자비한 약탈에 고통 받는 백성들의 처지는 나 몰라라 했지. 백성들은 자신들의 힘만으로 몽골에 맞서 싸워야 했어. 백성들은 처인성과

충주성에서 몽골과 싸워 승리를 거뒀어. 승려 출신의 김윤후가 처인성에서 맹활약을 펼쳤지.

  몽골의 침략은 1231년부터 1259년까지 약 28년 동안 이어졌어. 오랜 전쟁으로 고려는 나라 전체가 황폐해졌어. 몽골 군대가 지나간 곳은 모조리 잿더미가 되었고, 곡식이 영글던 논밭은 돌보는 사람이 없어 황무지로 변했지. 수많은 백성이 목숨을 잃거나 몽골에 포로로 끌려갔어. 경주 황룡사 9층 목탑과 대구 부인사 대장경판 등 귀중한 국가유산이 불에 타 사라져 버리기도 했지.

▲ 쿠빌라이 칸
몽골 제국의 제5대 황제야.

강화
싸우던 두 편이 싸움을 그치고 평화로운 상태가 되는 걸 말해.

조정
왕과 신하들이 나랏일을 의논하던 정치 기구를 말해.

긴 전쟁에 모두가 지쳐 갈 무렵, 60년 넘게 이어졌던 최씨 무신 정권은 마지막 권력자 최의가 살해당하면서 막을 내렸지. 하지만 무신 정권이 무너진 건 아니었어. 단지 최씨 가문에서 부하들로 권력이 옮겨 간 것뿐이었지.

고려 조정은 몽골과 강화*를 맺기로 결정했어. 당시 고려의 태자였던 원종은 몽골의 쿠빌라이 칸을 찾아가 강화를 맺고 고려의 독립 유지를 약속받았어. 몽골은 고려의 요청을 받아들이고 다시 개경으로 수도를 옮기라고 명령했지. 이로써 길었던 전쟁이 끝났단다.

하지만 당시 권력을 잡고 있던 무신들이 거세게 반대했어. 고려 조정*은 개경으로 돌아가자는 세력과 강화도에 머물러야 한다는 무신 세력으로 나뉘었어. 결국 1270년 무신 정권의 마지막 집권자가 살해되고 고려는 개경으로 수도를 옮겼지. 100년 동안 이어졌던 무신 정권도 이로써 막을 내리게 되었단다.

고려가 도읍을 옮긴 강화도는 어떤 곳일까?

몽골의 첫 번째 침입 이후 고려는 도읍을 강화도로 옮겼어. 강화도와 육지 사이의 바다는 물살이 빨라서 방어에 유리한 곳이었거든. 당시 무신 정권의 최고 권력자였던 최우는 개경에 있는 궁궐을 본떠 강화도 곳곳에 궁궐을 지었어. 그런데 지금 강화도에 가면 이때 지어진 궁궐을 볼 수 없어. 몽골에 항복하고 개경으로 돌아갈 때 몽골의 요구로 허물어 버렸거든. 그래서 지금은 궁궐터만 남아 있어.

▲ 고려의 임시 수도였던 강화도

▼ 고려궁지
고려가 강화도로 수도를 옮겼을 때 궁이 있던 자리라고 알려진 곳이야.

생각 톡톡

고려가 팔만대장경을 만든 이유는?

"오늘따라 아버지가 무척 바빠 보여요."
"바닷물에 담가 둔 나무를 꺼내어 다듬는 날이라서 그렇단다."
송이는 어른들이 바닷물에 담가 두었던 나무를 꺼내는 모습을 지켜보았어. 아버지와 주변에 있는 사람들은 건져 올린 나무를 네모난 모양으로 자르고 대패로 다듬었지.
사람들은 이렇게 다듬은 나무로 무엇을 만들었을까?

몽골의 침입으로 황룡사 9층 목탑을 비롯한 여러 국가유산이 불에 타 없어졌어. 이렇게 잿더미가 되어 사라진 국가유산 중에는 대구 부인사에 보관되어 있던 대장경판도 있었지. 이 대장경판은 처음 만든 대장경이라 하여 '초조대장경'이라 불렸어. 대장경은 부처의 가르침을 모은 글이야. 이것을 찍어 내기 위해 판에 새긴 것을 대장경판이라고 해. 초조대장경은 거란이 고려를 침략했을 때 만들어진 것이야.

옛사람들이 초조대장경을 만든 이유는 부처의 힘을 빌려 거란을 막기 위해서였어. 모두가 똘똘 뭉쳐 외적을 물리치자는 뜻을 담아 부처의 가르침을 하나하나 새겨 나간 거야. 그 덕분인지 고려는 거란의 침입을 물리칠 수 있었어.

이런 대장경판이 타 버리자 최우와 고려 조정은 다시 한번 부처의 힘을 빌려 몽골을 물리치고 전쟁을 끝내기를 희망했어. 고려 조정은 즉시 '대장도감'이라는 기관을 설치하고 대장경을 만드는 작업을 시작했지.

많은 사람이 대장경을 만드는 데 힘을 보탰어. 최우를 비롯해 살림

대장경판 제작 과정

① 나무 준비하기
약 3년 정도 바닷물에 담근 나무를 알맞은 크기로 잘라 대패로 곱게 다듬는다.

② 종이 만들기
목판을 만드는 동안 경판에 붙일 종이(한지)를 만든다.

③ 불경 쓰기
일정한 서체로 불경을 종이에 옮겨 쓴다.

④ 목판에 글자 새기기
글씨를 쓴 종이를 목판에 붙이고, 이를 따라 한 글자 한 글자 정성 들여 조각한다.

⑤ 최종 확인하기
목판이 완성되면 종이에 찍어 틀린 부분은 없는지 확인한다.

◀ 합천 해인사의 대장경판

이 넉넉한 귀족들은 필요한 비용을 댔고, 수많은 승려와 장인이 대장경판을 만드는 작업에 뛰어들었지. 바로 송이 아버지처럼 말이야. 이때 만들어진 대장경은 다시 만들었다는 의미로 '재조대장경'이라고 불리게 되었어.

재조대장경은 1236년에 만들기 시작해서 15년 만에 완성되었어. 경판 앞뒤로 불경이 빼곡하게 새겨져 있는데, 이렇게 불경이 새겨진 나무판만 무려 8만 1,258장에 달해. 정말 어마어마하지? 그래서 원래 이름보다는 '팔만대장경'이라는 이름으로 더 유명하단다.

팔만대장경은 뛰어난 완성도로도 이름을 떨쳤어. 경판의 수만 8만 장이 넘는데도 글씨가 일정하고 잘못 새겨지거나 틀린 글자가 거의 없지. 이렇게 글자를 새기고 난 뒤에는 글자가 제대로 새겨졌는지 확인하기 위해 일일이 한 장씩 찍어 보았어. 틀린 글자가 발견되면 글

◀ 합천 해인사의 장경판전 내부

자를 파내고 다른 나무에 새로 새긴 것을 붙여 넣었어.

  이렇게 불경을 새기는 작업이 끝난 뒤에는 경판끼리 서로 부딪히지 않고 보관할 때 바람이 잘 통하도록 경판 양 끝에 두꺼운 각목을 붙였어. 그리고 네 귀퉁이를 구리판으로 감싸고, 경판 전체에 옻칠*을 했어. 시간이 지나며 경판이 뒤틀리거나 썩는 걸 막기 위해서였지. 그 덕분에 팔만대장경은 오늘날까지도 큰 훼손 없이 원래 모습 그대로 전해질 수 있었단다. 팔만대장경은 국보로 지정되었을 뿐만 아니라 2007년에 유네스코 세계 기록 유산에 등재되었어.

옻칠
옻나무에서 나는 진을 나무 그릇 등에 바르는 일을 말해. 광택을 내는 것은 물론 나무가 변형되거나 썩는 것을 방지하는 효과가 있어.

팔만대장경을 보관하고 있는 장경판전

　우리가 지금까지도 팔만대장경판을 볼 수 있는 것은 나무로 만든 대장경판을 아주 잘 보관했기 때문이야. 처음에는 강화도의 한 절에 팔만대장경판을 두었어. 그러다가 이성계가 조선을 세운 후 강화도보다 좀 더 안전한 곳으로 옮기기로 했어. 그래서 선택된 곳이 경상남도 합천 가야산에 자리 잡은 해인사야.

　해인사에는 팔만대장경판을 보관하기 위해 장경판전이 지어졌어. 장경판전의 바닥은 습도를 조절하고 해충을 막기 위해 땅을 파서 숯과 소금, 모래, 횟가루 등을 뿌려서 만들었어. 또 건물의 앞면과 뒷면에 있는 창의 크기를 달리해서 바람이 잘 통하도록 만들었단다. 해인사의 장경판전은 그 가치를 인정받아 1995년 유네스코 세계 문화유산에 등재되었어.

▲ 합천 해인사의 장경판전 외부

몽골에 맞서 끝까지 싸운 사람들은 누굴까?

"자자, 모두 서둘러 배에 오르시오."
"몽골군이 오기 전에 얼른 이곳을 빠져나가야 하오!"
창범이와 동료 군사들은 허겁지겁 배에 올랐어. 몽골군이 고려 조정의 군대와 함께 강화도로 오고 있다는 소식이 전해졌거든.
군사들은 배를 타고 어디로 떠나는 걸까?

무신 정권이 무너진 뒤 고려 조정은 몽골의 요구대로 개경으로 다시 도읍을 옮겼어. 하지만 개경으로 돌아가는 걸 거부하고 끝까지 몽골에 맞서자고 목소리를 높인 세력이 있었지. 바로 무신 정권의 핵심 군사 조직이었던 '삼별초'였어.

삼별초에서 '별초'는 특별히 병사를 가려 뽑은 특수한 부대를 뜻해. 삼별초를 만든 사람은 당시 무신 정권의 최고 권력자인 최우였어.

최우는 나라 안의 도적을 막는 것은 물론 자신의 권력을 강화하기 위해 야별초를 만들었어. 야별초의 규모가 점점 커지면서 야별초는 좌별초와 우별초로 나뉘게 되었지. 이후 최우는 몽골에 포로로 잡혔다가 도망쳐 나온 사람들을 모아 신의군을 만들었어. 이 세 군대를 합쳐 삼별초라고 부른 거야.

고려가 몽골의 침략을 받아 강화도로 도읍을 옮겼을 때, 삼별초는 그곳을 지키거나 육지로 올라와 몽골군을 공격하기도 했어. 그러면서 삼별초는 점점 무신 정권의 핵심 군대가 되었지. 이후 고려가 몽골과 강화를 맺고 무신 정권이 무너졌어. 고려 조정이 개경으로 돌아가기로 결정하자 삼별초는 이를 받아들이지 않았지.

그러자 고려 조정은 삼별초를 해산해 버렸어. 이 소식을 들은 삼별초는 반란을 일으켜 고려 왕족 중 한 사람을 왕으로 삼았어. 그리고 배를 타고 강화도에서 진도로 갔지. 진도는 강화도처럼 섬 주변의 물살이 빨라 방어에 유리한 곳이었어. 삼별초는 이곳에 성을 쌓고 새롭게 궁궐도 지었지.

삼별초의 세력은 점점 커졌어. 남해안 일대는 물론이고 바다 건너 제주도까지 세력을 넓혔지. 그리고 일본에 사신을 보내 함께 몽골에 대항하자고 했어. 당연히 고려 조정과 몽골은 이를 그대로 두고 볼 수 없

▲ **진도 용장성**
삼별초가 몽골군에 맞서기 위해 진도에 쌓은 성이야.

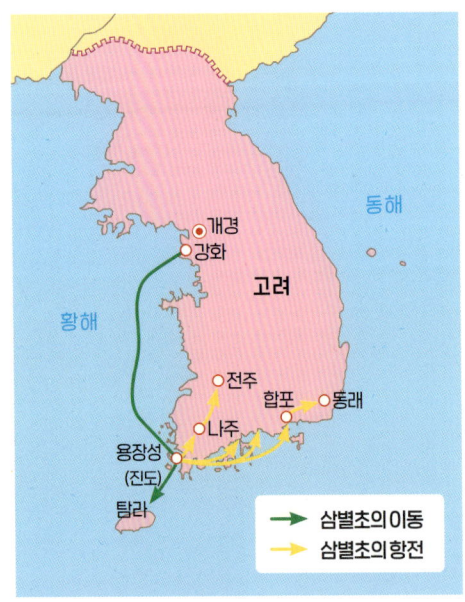

▲ **삼별초의 이동 경로**

었어. 그래서 군대를 모아 삼별초의 근거지 진도를 공격했지. 여기서 삼별초는 진도를 빼앗겼지만 포기하지 않고 자신들이 미리 차지하고 있던 제주도로 갔어.

제주도에 간 삼별초는 성을 쌓고 다시 차근차근 세력을 키우려 했어. 하지만 고려와 몽골 연합군은 삼별초에 틈을 주지 않았지. 1273년, 제주도에 도착한 약 1만 2,000명의 연합군은 삼별초를 거세게 몰아붙였어. 삼별초는 끝까지 맞서 싸웠지만 연합군의 공격에 결국 무너지고 말았지. 삼별초가 마지막까지 저항을 이어 갔던 제주도는 몽골의 차지가 되었어. 몽골은 이곳에 말을 키우는 목장을 만들고 직접 다스리기 시작했단다.

▼ 제주 항파두리 항몽 유적
삼별초는 제주 항파두리에 토성을 쌓고 최후까지 맞서 싸웠어. '항몽'은 몽골에 대항했다는 뜻이야.

생각 톡톡

역사상 가장 넓은 영토를 차지했던 몽골 제국

몽골은 1231년 처음 고려에 쳐들어온 후 고려의 항복을 받아 낼 때까지 여러 차례 고려를 괴롭혔어. 비슷한 시기 서쪽으로도 군사를 보내 세력을 넓혔지.

몽골의 영토 확장은 여기서 끝나지 않았어. 중앙아시아, 서아시아, 동부 유럽 지역을 점령하고 중국의 남송마저 차지해 버렸어. 이렇게 몽골은 인류 역사상 가장 큰 영토를 가지게 되었단다.

몽골은 자신들이 차지한 지역을 서로 연결하기 위해 노력했어. 수도인 대도(중국 베이징)에서 각 지역으로 가는 도로에 일정 거리마다 역참을 설치했지. 역참이란 여관이나 마구간 등이 마련되어 있는 교통·통신 기관을 말해. 나랏일을 하려고 이동하던 사람들은 역참에 들러 쉬고, 다음 이동을 위해 말을 바꿔 타고 갈 수 있었지. 패자라고 불리는 통행증을 가진 사신과 관리는 역참에서 먹을거리, 잠자리, 말 등을 받을 수 있었어. 이러한 제도들 덕분에 동서 교류가 활발하게 이루어졌단다.

▲ 원나라의 역참 통행증 패자

고려가 원나라의 사위 국가가 되었다고?

"태자님의 머리 모양과 옷이 낯설어요."
"몽골식으로 바꾸셨기 때문이야."
은서는 몽골에서 돌아온 고려 태자의 모습을 멀리서 지켜보다 깜짝 놀랐어. 몽골 공주와 혼인했다는 말은 들었지만 머리 모양을 바꾸고 몽골식으로 차려입고 왔을 줄은 몰랐기 때문이야.
태자가 고려의 왕이 되면 어떤 일이 펼쳐질까?

고려가 몽골에 항복한 후 여러 가지 변화가 생겼어. 고려에 대한 간섭이 본격적으로 시작되었지. 먼저 고려 태자가 원나라 공주를 부인으로 맞아들였어. 이 태자는 훗날 고려의 제25대 왕이 되는 충렬왕이야. 충렬왕을 포함해서 5명의 왕이 원의 공주를 부인으로 맞았지.

은서가 본 모습은 바로 충렬왕이 태자 시절 원나라의 제국 대장 공주와 결혼한 뒤 고려로 돌아오는 모습이었던 거야.

고려 국왕이 원나라 황실의 사위가 되면서 여러 변화가 생겼어. 고려 국왕은 더는 '황제'라고 칭할 수 없었어. 왕위를 이어받을 후계자도 '태자'가 아닌 '세자'로 부르게 되었지. 그리고 왕이 죽고 난 뒤 붙이는 이름에 충렬왕, 충선왕, 충숙왕처럼 '충(忠)'이란 글자를 넣었지. 원나라에 충성한다는 의미였어. 또 고려의 왕자들은 일정 기간 원나라에서 생활해야 했단다.

원나라는 철령 너머의 북쪽 땅과 서경, 제주도 등을 직접 지배했어. 이를 위해 쌍성총관부, 동녕부, 탐라총관부 등을 각각 두었지. 그리고 원나라는 고려에 금과 은, 인삼, 매 등을 공물로 바치도록 했어. 특히 고려의 매는 사냥 능력이 뛰어나 원나라에서 아주 좋아했대. 고려는 원나라에 바치는 매를 훈련시키는 '응방'이라는 관청을 만들어

매를 기르기도 했지.

　원나라는 시시때때로 고려에 이런저런 공물을 요구하기도 했어. 하지만 원나라에 바친 건 물건만이 아니었어. 원나라의 요구로 수많은 여성들이 공녀로 원에 끌려갔지. 공녀로 바쳐진 여성들 일부는 귀족의 첩이나 원나라 황실의 궁녀가 되었어. 이들 중에는 원나라 황제의 눈에 들어 황후 자리에 오른 여인도 있었지. 하지만 대부분은 평생 가족과 헤어져 매일 고된 일을 하며 비참하게 살아야 했단다.

　한편 이 시기 원나라와 교류가 활발해지면서 몽골의 수많은 풍습이 고려에 들어왔어. 충렬왕이 원에서 고려로 돌아왔을 때 몽골식 차림을 한 이후로 원나라의 옷과 장신구, 머리 모양이 사람들 사이에서 크게 유행했지. 이를 '몽골풍'이라고 해. 오늘날 우리가 즐겨 먹는 만두가 바로 원나라에서 전해진 거야. 언어도 몽골의 영향을 받은 것들

◀ 고려에서 유행한 몽골풍

이 많아. 임금의 밥상을 뜻하는 '수라', 장사치나 벼슬아치처럼 끝에 '-치'를 붙이는 것도 몽골어에서 비롯한 것이지.

　반대로 원나라에는 고려의 문화와 풍습이 전해졌어. 고려 의복과 음식, 고려청자와 먹 등이 관심을 받았지. 이렇게 원나라에서 유행한 고려의 풍습을 '고려양'이라고 한단다.

◀ 원나라에서 유행한 고려양

고려군이 원나라의 일본 원정에 동원되었다고?

고려는 원나라에 항복한 후 얼마 되지 않아 일본에 군대를 보내야 했어. 원나라가 일본을 공격하기 위해 고려에 지원을 요청했거든. 원나라의 일본 원정은 두 차례 이루어졌어. 그때마다 고려는 군대를 실어 나를 배를 만들고, 많은 군사를 일본에 보냈어. 하지만 두 차례의 일본 원정은 모두 일본의 저항과 태풍으로 배가 산산조각 나며 실패로 돌아갔어.

단군 이야기가 담긴 역사책이 나왔다고?

"엄마! 고려 시대에 스님이 쓴 역사책이 있대요."
"단군 이야기가 실려 있는 책 말이지?"
규리는 학교에서 고려 시대에 승려가 쓴 역사책이 있다는 사실을 배웠어. 책에 있다는 단군 이야기가 궁금해서 도서관에서 찾아보기로 했지. 규리가 찾는 책은 무엇일까? 고려 시대 승려가 역사책을 쓴 이유는 무엇 때문일까?

일연은 고려 후기 아주 이름 높았던 승려야. 열네 살에 스님이 되어 스물두 살에 승과*에 합격했지. 그 후에도 일연은 열심히 불교를 공부하고 몸과 마음을 계속 갈고 닦았어. 몽골의 침입이 한창이었을 때에는 팔만대장경을 만드는 일에 참여했지. 충렬왕 때는 높은 학문과 덕을 인정받아 승려로서 오를 수 있는 가장 높은 자리인 국존에 올랐어. 국존은 덕과 지혜가 높아 한 나라의 스승이 될 만한 승려에게 내리는 칭호야.

승과
고려 때 승려를 대상으로 한 과거 시험이야.

일연은 세상을 떠나기 전까지 수많은 책을 썼어. 대부분은 불교와 관련된 책이었지만, 삼국의 역사와 설화를 모은 책도 있었지. 이 책이 바로 《삼국유사》야.

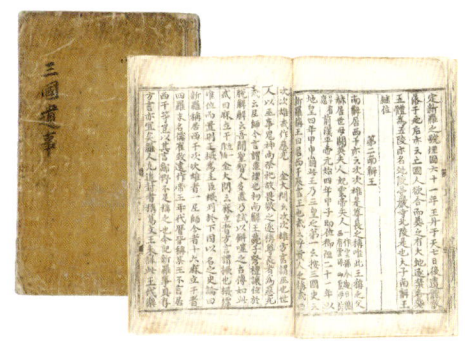
▲ 《삼국유사》
고려의 승려 일연이 쓴 책으로, 고조선부터 삼국 시대의 역사, 신화, 전설을 수록한 책이야.

일연은 1281년에 《삼국유사》를 펴냈어. 이 책에는 신라, 고구려, 백제 세 나라의 건국 신화와 흥미진진한 설화, 삼국 시대에 일어난 사건들, 불상과 불탑에 얽힌 전설과 당시 이름 높은 승려들의 이야기 등 다양한 이야기가 실려 있어. 기록이 거의 없다시피 한 가야의 역사와 옛사람들이 불렀던 가요도 수록해 놓아 역사적 가치가 높아. 특히 《삼국유사》는 지금까지 전해지고 있는 책 중에 단군 신화를 기록한 최초의 책이야.

《삼국유사》처럼 삼국 시대를 다룬 책으로 《삼국사기》가 있어. 《삼국사기》는 1145년 고려의 문신이었던 김부식이 펴낸 역사서야. 삼국과 관련된 여러 이야기를 두루두루 기록한 《삼국유사》와 달리 《삼국사기》는 삼국 시대와 통일 신라에서 있었던 사실에 가까운 사건들만 골라 기록했어. 그래서 《삼국사기》에는 단군 신화 같은 비현실적이고

　신비로운 이야기나 현실에서 일어나기 힘든 기적, 전해 내려오는 설화 등은 빠져 있지.
　그리고 책을 펴낸 김부식이 철저한 유학자였기 때문에《삼국사기》는 불교와 관련된 것들은 많이 다루지 않았어. 스님이었던 일연은 이를 매우 아쉽게 여겼지. 그래서《삼국사기》에서 빠진 부분을 보충하기 위해《삼국유사》를 쓴 거야.
　이런 이유로 단군 신화와 함께《삼국유사》에 등장하는 대표적인 이야기가 바로 '만파식적' 이야기야. 만파식적은 통일 신라 시대 신문왕이 가지고 있었다는 피리야. 대나무로 만들어진 이 피리는 아주 신통해서 한번 불면 적군이 쳐들어왔다가도 물러났다고 전해져. 가뭄이 닥쳤을 때 피리를 불면 비가 내리고, 장마가 들었을 때 피리를 불면 비가 멈추었다고 하지. 불기만 하면 나라의 모든 근심과 걱정이 해결되었다 해서 신라의 국보가 되었다고 해.

일연이 《삼국유사》를 쓴 또 다른 이유는 당시 고려가 처한 상황과 관계가 깊어. 이때 고려는 몽골의 오랜 침략으로 온 땅이 피폐해졌고 백성의 삶은 몹시 고달팠어. 몽골에 무릎을 꿇은 이후로는 줄곧 원나라의 간섭을 받아 왔지. 이런 힘든 상황 속에서 일연은 고통 받는 백성에게 민족의식을 일깨우고 희망을 주기 위해 《삼국유사》를 펴낸 거야.

생각 톡톡

우리나라에 전해지는 역사책 중 가장 오래된 것은?

　삼국 시대에 고구려, 백제, 신라는 각각 자기 나라의 역사를 책으로 펴냈어. 그런데 안타깝게도 이 역사책들은 이름만 알려져 있을 뿐 지금은 전해지지 않아. 현재 전해지는 우리나라 역사책 중 가장 오래된 것은 바로 고려 인종 시기 김부식이 펴낸《삼국사기》야.

　김부식은 왕의 명령으로《삼국사기》를 펴냈어. 인종이 나라를 다스리던 때 고려는 밖으로 강력한 금나라의 위협을 받았고, 안으로 이자겸의 난과 묘청의 난이 일어나 바람 잘 날이 없었어. 또 신하들이 중국의 역사는 잘 알고 있는데 정작 우리나라의 역사는 잘 모르는 경우가 많았지. 그래서 인종은 김부식에게 우리 역사를 정리한 책을 펴내라고 한 거야.

　김부식은 여러 신하와 함께《삼국사기》를 펴냈어. 삼국 왕들에 대한 기록과 역사에 이름을 남긴 신하들의 이야기를 담았지. 또 당시의 제사나 음악, 옷차림과 같은 생활상이나 제도를 정리했고, 사건을 도표 형식으로 엮어 기록하기도 했단다.

　삼국 시대에 쓰인 역사책은 전해지지 않지만《삼국사기》덕분에 우리는 삼국 시대와 통일 신라 때에 어떤 일이 있었는지 잘 알 수 있게 된 거지.

고려 사람들의 생활 모습은?

"바로 저 사람이에요. 부인을 여러 명 둘 수 있게 해 달라고 한 사람이!"
"어떻게 그런 걸 건의할 수 있을까?"
민주는 어떤 할머니와 동네 여자들이 지나가던 남자를 가리키며 수군대는 모습을 보았어. 그 남자의 이름은 박유야. 마침 연등회가 열리는 날이라 왕을 모시고 지나가던 중이었어.
사람들이 박유에게 손가락질한 이유는 무엇 때문일까?

충렬왕이 나라를 다스리던 때 박유라는 신하가 있었어. 이즈음 고려는 남성은 적고 여성은 많았어. 몽골과의 전쟁으로 수많은 남성이 병사로 끌려가 목숨을 잃었거든. 고려는 법적으로 일부일처제, 그러니까 한 남편이 한 명의 아내를 두게 되어 있었기 때문에 남편이 없는 여성이 많았어. 원나라의 영향으로 불법으로 부인을 여럿 두는 사람들도 있었지. 그래서 박유는 왕에게 한 가지 건의를 했어.

"우리 고려는 원래 남자가 적고 여자가 많은데 신분의 높고 낮음에 상관없이 부인을 한 명만 두고 있습니다. 신하들에게 여러 부인을 둘 수 있게 허락하고, 그들이 낳은 아들도 원래 부인이 낳은 아들처럼 벼슬을 할 수 있게 해 주소서. 그렇다면 혼자 사는 남자와 여자가 없어질 것이며 고려의 인구도 늘어날 것입니다."

박유가 왕에게 건의한 내용이 사람들에게 알려지자 고려 여인들은 크게 분노했어. 박유는 좋은 뜻으로 말한 것이지만 고려 여인들에게는 한 남편이 동시에 여러 아내를 두는 일부다처제가 용납되지 않았거든. 그래서 박유는 길을 지나가다 여인들에게 거센 비난과 손

가락질을 받았던 거야. 물론 박유의 건의는 받아들여지지 않았지.

고려 중기쯤의 일이야. 이승장이라는 사람은 태어나기도 전에 아버지를 여의었어. 얼마 후 어머니가 다른 남자와 결혼하면서 이승장은 새아버지 밑에서 자랐지. 이승장은 학문에 관심이 많았지만, 새아버지는 이승장을 공부 시키는 대신 자신이 하던 일을 돕도록 했어. 그러자 어머니가 이를 거세게 반대했지.

"이 아이의 친아버지는 벼슬을 하던 사람이었습니다. 그 아들이 학문에 뜻을 두고 있으니 친아버지의 뒤를 이어 공부하는 것이 마땅합니다. 만약 이 아이를 공부시키지 않는다면 내가 죽어서 무슨 낯으로 전남편을 보겠습니까?"

어머니는 자신이 물려받은 재산을 털어 아들을 당시 최고로 손꼽히는 학교에 입학시켰어. 그 후 이승장은 과거에 합격해 마침내 높은 벼슬자리까지 오르게 되었단다.

고려 시대 여성은 가족 관계에서 오빠 혹은 남동생과 차별 대우를 받지 않았어. 예를 들면 호적을 적을 때도 태어난 순서대로 적었어. 남자를 먼저 적었던 조선 시대와 달랐지. 또 부모의 재산을 물려받는 데 있어서도 차별을 받지 않았어. 결혼한 여성이어도 친정 부모의 재산을 물려받을 수 있었지. 남자 형제가 없으면 여성이 집안의 제사를 도맡기도 했어. 고려 여성들은 이혼하거나 남편이 세상을 떠났을 때 비교적 자유롭게 재혼할 수 있었다고 해.

고려 시대에는 친척들을 어떻게 불렀을까?

생각 톡톡

아빠의 아버지는 할아버지, 엄마의 아버지는 외할아버지라고 하는 것처럼 친가 친척과 외가 친척을 부르는 이름이 달라. 이것은 아빠와 엄마의 가족을 구분해서 부르던 관습 때문에 그래. 그런데 고려 시대에는 아빠와 엄마의 가족을 구분하지 않았어. 친할아버지나 외할아버지를 모두 '한아비'라고 불렀지. 할머니는 '한어미'라고 불렀어. 뿐만 아니라 고모와 이모를 구별해서 부르지도 않았지.

고려 시대에는 이렇게 친가와 외가 친척을 구별 없이 불렀단다.

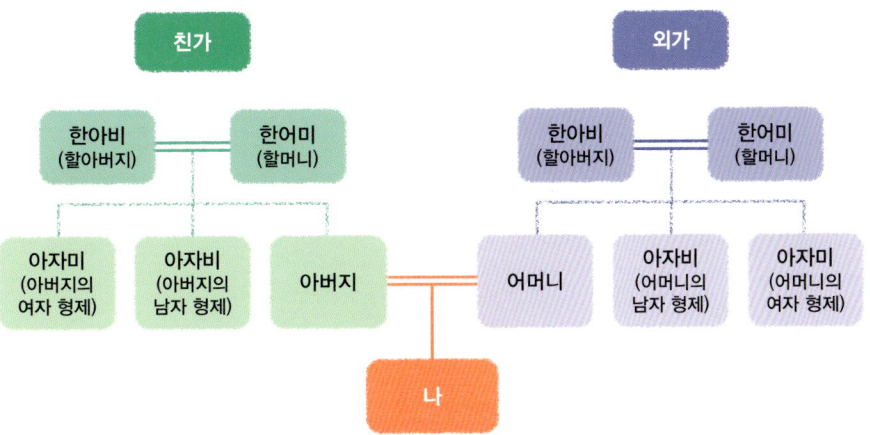

원 간섭기에는 어떤 사람들이 세력을 떨쳤을까?

"어제 사람들이 몰려와서 강제로 이웃집 땅을 빼앗아 갔어요."
연복이와 친구들은 어제 일어난 일에 대해 마을 사람들에게 이야기하느라 정신없었어. 한 세력가 집안의 노비들이 몰려와 사람을 때리고 땅을 빼앗아 간 거야.
땅을 빼앗아 간 세력가는 누구일까?

고려가 원나라의 간섭을 받던 시기에 지배 세력으로 등장한 사람들이 있었어. 바로 권문세족이지. 이들은 자신의 권력을 이용해 높은 관직을 차지하고 마구잡이로 땅을 늘렸어. 연복이와 친구들이 본 것은 권문세족이 보낸 사람들이 함부로 남의 땅을 빼앗는 모습이었어.

일부 권문세족은 불법을 저질러 아주 넓은 땅을 차지했어. 이를 보통 농장이라 불러. 이들은 나라에 세금도 내지 않고, 농장에서 일하

는 사람들을 자기 마음대로 부렸어.

그렇다면 어떤 사람들이 권문세족이 되었을까? 먼저 원나라와 가까운 관계를 맺은 사람들이 권문세족이 되었어. 예를 들면 몽골어를 잘하는 통역관, 원나라에서 과거 시험에 합격한 사람, 응방에서 일하는 사람, 원나라에 환관*으로 갔다가 출세한 사람 등이 있지. 고려 국왕이 왕세자 시절 원나라에 머무를 때, 옆에서 보필하던 신하들도 권문세족이 되었지.

환관
궁궐에서 왕의 시중 등을 담당하던 남자 신하를 말해.

권문세족 중에는 높은 집안 출신이 아닌데도 크게 출세한 사람이

있어. 바로 조인규라는 사람이야. 조인규는 출세를 위해 몽골어를 배웠어. 그런데 몽골어는 생각보다 어려워 좀처럼 실력이 늘지 않았지. 조인규는 3년 동안 집에 틀어박혀 열심히 몽골어를 공부했어. 이후 조인규의 몽골어 실력은 눈에 띄게 늘어 원나라에 30여 차례 사신으로 다녀올 정도가 되었어. 조인규의 몽골어가 얼마나 뛰어났는지 원나라 황제가 조인규를 칭찬했다고 해. 조인규는 고려 임금의 믿음을 얻었고, 큰 성공을 거머쥐게 되었어.

한편, 기철은 원나라 황실과 가까운 관계를 맺고 권력을 잡았어. 기철의 여동생은 공녀로 원나라에 끌려가서 원 황실의 궁녀가 되었는데, 황제의 눈에 들었지. 원나라 황제의 아들을 낳은 기철의 여동생은 원나라의 제2 황후가 되었어. 이 사람이 바로 기황후야. 공녀로 끌려간 여동생이 황후가 되면서 기철 집안의 권세는 하늘을 찌를 듯 높아졌단다.

이렇게 다양한 사람들이 권문세족이 되었어. 그런데 이들 권문세족이 넓은 땅을 소유하고 세금을 제대로 내지 않으면서 농민의 삶은 고달파졌지. 많은 농민은 노비나 다를 것 없는 처지가 되었고, 세금을 내야 할 농민의 수가 줄어들어 나라 살림이 어려워졌어.

원나라에서 온 사람도 관리가 되었다고?

고려 사람이 원나라에서 벼슬을 한 것처럼 원나라에서 온 사람이 고려의 관리가 되기도 했어. 바로 인후라는 사람이야. 그의 원래 이름은 쿠라다이로, 충렬왕과 결혼한 제국 대장 공주를 따라 고려에 왔어. 왕이 이름을 바꿀 것을 명하자 친하게 지내던 관리의 성을 따서 인씨 성을 갖게 되었어. 그는 고려와 원나라의 중간에서 일을 잘 처리했대. 그래서 충렬왕은 원나라에 갈 때마다 그를 데리고 갔고, 인후의 권력은 점점 커졌어. 덕분에 인후는 왕에게 여러 차례 재물을 받아 넓은 땅과 많은 노비를 가진 권문세족이 되었지. 그리고 자신의 권력을 이용해 다른 사람에게 뇌물을 받거나 남의 땅과 노비를 빼앗기도 했어.

원나라에서 고려로 귀화해 권문세족으로 떵떵거리며 살고 있지.

오늘날 남아 있는 고려 시대 건축물은?

"엄마! 저 건물 기둥 좀 보세요. 중간이 불룩해요."
건우는 엄마와 영주에 있는 절에 놀러 갔어. 엄마는 건우가 가리킨 건물이 고려 시대에 지어졌다고 설명해 주셨지. 건우는 고려 시대 건축물이 아직도 남아 있다는 사실에 놀랐어.
이 건축물의 이름은 무엇일까?

우리 조상들은 궁궐이나 집, 절을 지을 때 주로 나무를 썼어. 나무는 가벼우면서도 보온성이 뛰어나고 구하기도 쉬워서 건축 재료로 알맞았지. 하지만 나무는 쉽게 썩거나 불에 잘 타는 치명적인 단점이 있어. 그래서 삼국 시대에 만들어진 건물 중에 오늘날까지 남아 있는

▲ 영주 부석사 무량수전
부석사는 신라 문무왕 때 지어졌다가 고려 공민왕 때 불에 탔어. 지금 있는 건물은 고려 우왕 때 다시 지은 거야.

것은 없단다. 우리가 잘 아는 불국사도 조선 시대 임진왜란 때 불에 타 없어진 것을 복구한 거야.

현재 남아 있는 건축물 중 가장 오래된 것은 고려 시대에 만들어진 것들이야. 그중에 하나가 건우와 엄마가 본 경상북도 영주 부석사의 무량수전이지. 부석사 무량수전은 기둥의 한가운데가 불룩한데, 이런 기둥을 '배흘림기둥'이라 불러.

그렇다면 왜 기둥 중간을 불룩하게 만들었을까? 기둥을 일자로 세우면 멀리서 건물을 보았을 때 기둥 중간 부분이 윗부분이나 아랫 부분보다 가늘어 보이기 때문이야. 서양의 고대 그리스에서 신전을 만들 때 이런 기법을 사용했는데, 우리나라는 삼국 시대부터 이 기법을 사용한 것으로 보여. 그리고 고려를 지나 조선 시대에도 궁궐이나 절 등 커다란 건축물을 만들 때는 배흘림기둥을 세웠단다.

◀ 그리스 아테네의 파르테논 신전

부석사 무량수전은 주심포 양식으로 지어졌어. 주심포는 공포가 기둥 위에만 있는 걸 가리켜. 공포는 나무로 건축물을 지을 때 기둥과 지붕 사이에 여러 목재를 장식처럼 만들어 짜맞춰 넣은 거야. 기둥을 화려하게 꾸미는 장식으로만 보이지만 사실은 처마의 무게를 받치는 몹시 중요한 역할을 해. 주심포 양식으로 건물을 지으면 지붕의 무게가 기둥으로 모이게 되지.

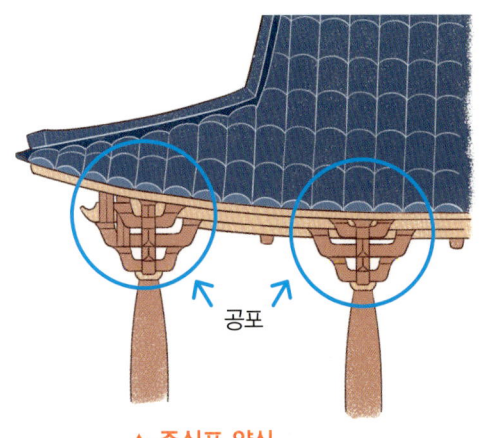
▲ 주심포 양식

주심포 양식은 고려 초기부터 중기까지 크게 유행했어. 그러다 고려 후기로 접어들면서 원나라의 영향을 받아 기둥 위, 기둥과 기둥 사이에 공포를 여러 개 짜 넣는 다포 양식이 유행했어. 다포 양식은 이후 조선 시대까지 이어진단다.

그러면 배흘림기둥과 주심포 양식으로 만들어진 가장 오래된 고려 시대 건축물은 뭘까? 바로 경상북도 안동에 있는 봉정사 극

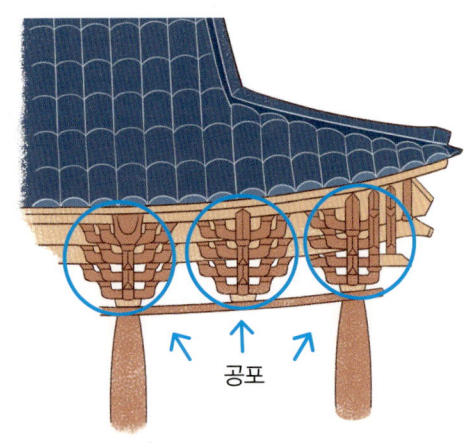
▲ 다포 양식

▲ 안동 봉정사 극락전
우리나라에서 가장 오래된 나무로 만든 건축물이야.

락전이야. 이걸 어떻게 알 수 있냐고? 1972년, 봉정사 극락전을 수리했던 적이 있었어. 이때 건물 지붕에서 이 건축물을 수리했다는 기록이 발견되었지. 거기에는 1363년인 고려 공민왕 때 수리했다는 내용이 담겨 있었어. 나무로 만든 건축물은 보통 지어진 지 100년에서 150년이 지나면 수리하도록 했어. 그러니 봉정사 극락전은 최소 1200년대 후반에 지어졌다고 볼 수 있지. 그래서 봉정사 극락전이 우리나라에서 나무로 만든 건축물 중 가장 오래된 것으로 인정받는 거야.

생각 톡톡

석가모니불? 아미타불? 미륵불?

절에 가 보면 각 절마다 중심이 되는 건물이 있어. 그런데 저마다 이름이 대웅전, 무량수전, 극락전 등으로 조금씩 달라. 그 이유는 건물에 모셔 둔 불상이 다르기 때문이란다.

불교에서 말하는 대표적인 부처는 석가모니야. 석가모니는 고대 인도 카팔라 왕국의 왕자로 태어나서 깨달음을 얻어 부처가 되었지. 이 석가모니의 불상을 모시는 건물이 바로 대웅전이야.

석가모니 이외에도 불교에는 아미타불, 비로자나불, 미륵불 등 수많은 부처가 있어. 극락전과 무량수전은 아미타불을 모신 곳을 가리켜. 비로자나불을 모신 건물은 적광전과 비로전, 미륵불을 모신 건물은 미륵전이라 부르지. 이제 절에 가면 건물 이름을 보고 어떤 부처의 불상을 두었는지 알 수 있겠지?

▲ 예산 수덕사 대웅전의 석가모니 불상

▲ 경주 불국사 비로전의 비로자나불

▲ 고려 시대에 그려진 탱화 〈수월관음보살도〉

　한편 절에 있는 건축물에는 불교에 대한 그림이 그려진 경우가 많아. 그림들은 직접 벽에 그려진 것도 있고, 매달아 놓을 수 있게 종이나 천에 그려 놓은 것도 있어. 불교 관련 그림을 흔히 불화라고 하고, 그중 종이나 천에 그린 것을 탱화라고 해.

　고려 때 그려진 탱화는 녹색과 붉은색, 파란색을 주로 사용하고 금가루를 입혀서 화려하게 보이는 것이 많아. 불교가 융성했던 고려 시대에는 탱화도 많이 그려졌지. 지금까지 남아 있는 고려 탱화는 약 160점 정도라고 해. 하지만 아쉽게도 우리나라에 있는 것은 13점뿐이야. 나머지는 모두 다른 나라에 있지.

원나라에 맞서 개혁을 펼친 왕이 있다고?

"전하께서 몽골 옷과 머리 모양을 금지하라고 하셨소."
"그럼 궁에 들어갈 때 입을 새 옷을 준비해야겠네요."
부모님의 이야기를 듣고 있던 영선이는 고려에 변화가 왔다는 것을 느꼈어.
변발과 몽골 옷을 금지한 고려 왕은 누구일까? 이 임금은 어떻게 고려를 다스렸을까?

1351년, 공민왕이 즉위해 고려를 다스리기 시작했어. 공민왕은 충숙왕의 둘째 아들로 10년 넘게 원나라에서 살았어. 당시 원나라는 고려의 왕자들을 왕위에 오르기 전까지 원나라에 머물게 했어. 그러다가 왕자가 고려 국왕으로 즉위하면 고려로 돌려보내 나라를 다스리게 했지.

　공민왕이 왕위에 올랐을 때도 고려는 원나라의 간섭을 받았어. 하지만 이때 원나라는 예전처럼 강력한 나라가 아니었어. 황제 자리를

두고 황족들이 다투며 정치가 혼란해졌고, 황실과 귀족은 사치를 일삼았지. 공민왕은 원나라에 머물 때 거대한 제국이 흔들리는 모습을 지켜봤어. 고려에 돌아온 공민왕은 지금이야말로 원나라의 간섭에서 벗어날 수 있는 기회라 생각했단다.

왕이 된 첫해, 공민왕은 몽골의 풍속을 뿌리 뽑기로 했어. 그래서 영선이 아버지가 말한 것처럼 몽골족의 옷차림인 호복과 몽골족의 머리 모양인 변발을 금지했지.

공민왕의 개혁은 여기서 끝나지 않았어. 공민왕은 기철과 그를 따르는 무리를 처형했지. 기철은 원나라 황후인 여동생의 힘을 등에 업고 권력을 마구잡이로 휘둘렀어. 백성들의 땅을 제멋대로 빼앗고, 왕을 깔보며 명령도 따르지 않았지. 공민왕은 조용히 때를 노리다가 기철이 반란을 일으킨다는 구실로 제거했어.

> **변발**
> 몽골인이나 만주인 남자의 머리 모양으로, 머리카락을 일부분만 남기고 나머지 부분을 깎아 길게 땋아 늘인 것을 말해.

그리고 원나라의 간섭을 막기 위해 정동행성 이문소를 없앴어. 정동행성은 원나라가 고려의 내정을 간섭하기 위해 설치한 기관이야. 이문소는 정동행성 아래에 있는 기관 중에서도 가장 핵심 노릇을 하던 곳이었지. 한편 공민왕은 영토 회복에도 나서 쌍성총관부를 공격해 원나라가 차지한 철령 북쪽 땅을 되찾았단다.

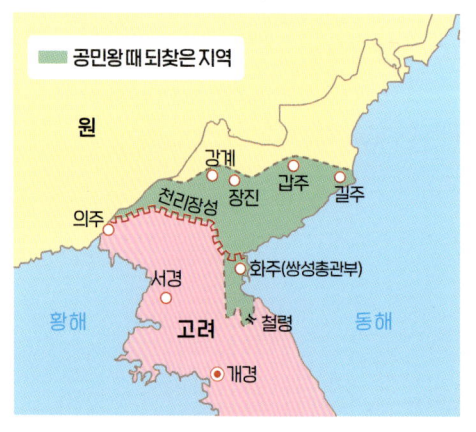

▲ 공민왕 때 되찾은 고려 영토

공민왕의 행동이 마음에 들지 않았던 원나라는 고려에 쳐들어간다고 으름장을 놓았어. 하지만 그런 일은 생기지 않았지. 원나라의 지배를 받던 한족이 반란을 일으켜 이를 진압하느라 정신이 없었거든.

원의 간섭에서 어느 정도 벗어난 공민왕은 권문세족 문제를 해결하

 려 했어. 권문세족이 불법으로 땅을 넓히고 농민을 노비로 삼았거든. 개혁을 추진할 새로운 인물로 승려 신돈을 앞세웠어. 신돈은 공민왕의 지원 아래 '전민변정도감'이라는 기관을 세웠어. 그리고 권문세족이 빼앗은 땅을 원래 주인에게 돌려주고, 억울하게 노비가 된 사람을 풀어 주었지.

 그렇지만 공민왕의 개혁은 순조롭지 못했어. 남쪽에서는 왜구가, 북쪽에서는 홍건적이 고려를 괴롭혔어. 홍건적이 두 번째로 쳐들어왔을 때는 개경을 빼앗기고 안동까지 피란을 할 정도였지. 내부적으로는 개혁을 시도할 때마다 권문세족의 거센 반발에 부딪혔어. 또한

 원나라도 자신들을 거스르려는 공민왕을 가로막았지. 원나라는 공민왕을 쫓아내고 다른 왕을 내세우려고도 했어.

 하지만 무엇보다 공민왕을 가장 힘들게 한 건 부인 노국 대장 공주의 죽음이었어. 노국 대장 공주는 원나라 공주였지만 공민왕의 개혁을 가장 응원하고 지지해 주었어. 그런 노국 대장 공주가 죽자 공민왕은 깊은 슬픔에 빠진 나머지 나랏일을 잘 돌보지 않았지. 공민왕은 얼마 뒤 신하들에게 죽임을 당했고, 개혁은 끝을 맺지 못했단다.

공민왕의 사당이 조선 시대에 만들어진 종묘에 있다고?

 조선 시대 역대 왕과 왕비의 위패를 모셔 놓고 제사를 지내는 종묘에는 공민왕의 신당이 있어. 종묘 입구 오른쪽 조그마한 건물이 바로 공민왕의 신당이야. 이 신당은 종묘가 처음 만들어졌을 때 지어졌다고 해.
 조선 왕조의 종묘에 고려 국왕인 공민왕 신당이 있는 이유는 뭘까?
 여기에는 전설 같은 이야기가 전해지고 있어. 조선을 세운 이성계가 종묘를 지을 때 갑자기 돌풍이 불더니 그림 하나가 떨어졌다는 거야. 바로 공민왕과 노국 대장 공주의 초상화였지. 그래서 논의 끝에 이곳에 공민왕 신당을 만들었다는 이야기야. 믿기 힘든 이야기지만 아마도 조선이 고려를 계승했다는 것을 강조하려고 만든 이야기로 보여. 조선을 세운 이성계는 즉위하고 한동안 고려라는 나라 이름을 그대로 사용했어. 그러다 이후에 나라 이름을 조선으로 바꾸고 도읍도 한양으로 옮겼지.

▲ 종묘 공민왕 신당에 있는 〈공민왕과 노국 대장 공주의 초상화〉

성리학을 받아들인 사람들이 있다던데?

"이제 원나라에 다 왔습니다."
"그래, 먼 길이었구나."
길상이는 고려에서 한 관리를 모시고 원나라에 왔어.
"그런데 이 먼 원나라까지는 왜 오신 것입니까?"
"새로운 유학을 배우기 위해서다."
이 관리가 원나라에서 배우려는 새로운 유학은 무엇일까?

원나라는 고려에 사사건건 간섭했어. 심지어는 제 마음대로 임금을 바꿀 정도였지. 이 때문에 고려의 제26대 왕인 충선왕은 아버지 충렬왕과 번갈아 왕위에 오르기도 했어. 그런데 충선왕은 고려의 임금이었지만 원나라에 머문 기간이 더 길었어. 두 번째로 왕이 되었을 때는 아예 원나라에서 나라를 다스렸지. 그 때문에 고려 관리들은 나랏일을 의논하기 위해 자주 원나라를 오가야 했단다.

충선왕은 자신이 머무는 원나라 수도 대도(중국 베이징)에 '만권당'이라는 서재를 만들었어. 왕은 이곳에 온갖 귀한 책을 가져다 두고 고려와 원나라 학자들이 교류할 수 있는 자리를 마련했지. 이 과정에서 고려 학자들은 새로운 유학인 '성리학'을 접하게 되었어.

성리학은 유교의 한 갈래로 자연이 어떤 원리로 움직이며 인간의 본성은 어떤가를 탐구하고 이를 바탕으로 세상을 어떻게 다스려야 할지 고민하는 학문이야.

성리학을 받아들이는 데 앞장선 사람은 안향이야. 안향은 여러 차례 원나라를 오가며 성리학을 공부하고 성리학 책도 들여왔어. 안향의 노력 덕분에 성리학은 고려에서 뿌리를 내릴 수 있었지.

그렇게 성리학을 배우는 사람들은 점점 늘어났어. 대표적인 사람이 이색, 정몽주, 정도전이야. 이들을 흔히 '신진 사대부'라 불러. 신진 사대부 중에는 권문세족 출신도 있었지만 대부분은 성리학적 지식을 쌓고 과거에 합격해 관리가 된 사람들이었어. 새

▲ 안향의 초상화

▲ 이색(왼쪽)과 정몽주(오른쪽)

로운 정치 세력으로 떠오른 신진 사대부는 공민왕이 개혁 정책을 펼칠 때 곁을 든든하게 지켰지. 신진 사대부들은 원나라의 권력에 빌붙어 백성들을 수탈하고 횡포를 일삼는 권문세족을 비판하고 새로운 질서를 만들고자 했어.

고려 말 뛰어난 활약을 펼친 정몽주는 이름난 집안 출신이 아니었어. 하지만 열심히 노력한 끝에 과거 시험에 1등으로 합격해 관리가 되었지. 정몽주는 고려 시대 유학을 가르치던 최고 교육 기관인 성균관에서 사람들에게 성리학을 가르쳤어. 정도전도 정몽주처럼 과거에 합격해 관리가 되었어.

공민왕이 죽고 우왕이 나라를 다스릴 때, 정몽주와 정도전은 함께

권문세족에 맞섰어. 하지만 고려를 개혁하겠다는 뜻을 가지고 힘을 합쳤던 정몽주와 정도전은 곧 각자의 길을 걸어가게 된단다. 정몽주는 기울어져 가는 고려를 어떻게든 지키려 했고, 정도전은 고려를 무너뜨리고 새 나라를 세우려 했지.

고려 시대에도 성균관이 있었다고?

성균관 하면 흔히 조선 시대 최고의 교육 기관으로 알고 있어. 그런데 성균관이 고려 시대에도 있었다는 사실을 알고 있니? 고려 말 공민왕은 이전에 있던 국립 교육 기관 국자감의 이름을 성균관으로 고치도록 했어. 이때 성균관에서 유학을 가르친 사람이 바로 이색, 정몽주, 정도전 같은 신진 사대부야. 성균관에서 공부한 신진 사대부는 고려 말 하나의 정치 세력이 되어 고려 개혁에 앞장섰단다. 그리고 조선이 건국된 이후에도 최고 교육 기관으로서 성균관의 이름이 이어지게 되었지.

▲ 성균관 명륜당
고려 시대에 설치된 유학 교육 기관인 성균관은 이후 조선 시대까지 이어졌어.

홍건적과 왜구를 물리치며 성장한 세력은?

"소식 들었어? 장군님께서 이번엔 왜구를 크게 물리쳤다고 하네."
"저번에 홍건적이 쳐들어왔을 때 공을 세웠던 그 장군님 말인가?"
지원이는 동네 어른들이 이야기하는 것을 들었어. 홍건적과 왜구를 모두 물리치다니 정말 대단한 장군님이라고 생각했지.
이 장군은 누구일까? 이후 고려에서 어떤 활약을 펼쳤을까?

고려 말 조정은 왜구 때문에 골치가 아팠어. 왜구는 일본의 해적 집단으로 중국과 한반도 해안을 드나들며 약탈을 일삼았지. 왜구는 노략질*뿐만 아니라 납치와 살인까지 저질렀어. 그런데 고려를 괴롭힌 것은 왜구만

노략질
떼를 지어 돌아다니며 사람을 해치거나 재물을 강제로 빼앗는 것을 말해.

백성들을 두고 피란하는 신세라니!

이 아니었어. 중국의 홍건적이 고려로 쳐들어오기도 했거든. 홍건적은 원나라 말 봉기한 한족 농민 반란군이야. 공민왕 시기에 두 번 쳐들어왔는데, 한 번은 왕이 피란할 정도로 고려를 위협했어. 그런데 이때 지원이가 들은 것처럼 왜구와 홍건적을 물리치는 뛰어난 활약을 펼친 장군들이 등장했어. 바로 최영과 이성계야.

최영은 홍건적을 물리치는 데 큰 공을 세웠어. 홍건적의 1차 침입 때는 서경을 되찾았고, 2차 침입 때는 위기에 빠진 공민왕을 구했지. 당시 안동으로 몸을 피했던 공민왕은 개경으로 돌아오던 길에 흥왕사라는 절에 머물렀어. 이때 공민왕에게 불만을 품은 신하들이 반란을 일으켜 왕을 습격했지. 소식을 들은 최영은 급히 군대를 이끌고 흥왕사로 달려가 공민왕을 구해 냈어. 공민왕은 자신을 구한 최영을 일등 공신으로 삼았어. 그 후 최영은 공민왕의 후계자인 우왕에게 딸을 시집보냈고, 우왕의 든든한 후원자가 되었지.

왜구가 또다시 고려를 괴롭히자 최영이 다시 나섰어. 이때 최영은 나이가 많아 전쟁터에 나가 싸우기 어려웠지. 그래서 우왕은 싸우러 가겠다는 최영을 말렸어. 하지만 최영은 "제가 비록 늙었으나 나라를 지키려는 마음은 변함없습니다. 군대를 이끌고 가서 왜구를 무찌를 수 있도록 허락해 주십시오."라며 왕을 설득했어. 최영의 부탁에 왕은 겨우 허락했지.

　홍산(충청남도 부여)으로 간 최영은 왜구를 크게 무찔렀어. 이때 최영은 왜구가 쏜 화살에 입술을 맞았어. 얼굴에 피가 흘러내렸지만 당황하지 않고 군대를 지휘했지. 최영은 왜구가 물러간 것을 확인한 후에야 비로소 입술에 박힌 화살을 뽑았다고 해.

　이성계는 쌍성총관부가 있던 동북면(함경도) 출신이야. 공민왕이 쌍성총관부를 공격할 때 이성계과 이성계의 아버지 이자춘은 고려 편에 서서 원나라와 맞서 싸웠지. 이자춘은 그 공을 인정받아 공민왕에게서 벼슬을 받게 되었어.

　이후 이성계는 고려의 무장으로서 뛰어난 활약을 펼쳤어. 홍건적

이 고려로 쳐들어왔을 때 군사 2,000명을 이끌고 용감하게 맞서 싸워서 홍건적으로부터 개경을 되찾는 데 큰 공을 세웠지.

왜구는 최영에게 크게 혼쭐이 났지만, 계속해서 고려를 침입했어. 1380년에는 수많은 배를 이끌고 한반도에 상륙했어. 그리고 백성들을 약탈하며 괴롭혔지. 이성계는 내륙을 휩쓸고 다니는 왜구를 물리치기 위해 남쪽으로 향했어. 왜구들은 진포(전라북도 군산)에서 고려군이 쏜 화포에 배 대부분을 잃었지. 배를 잃은 왜구들은 전라도와 경상도 지역을 쑥대밭으로 만들며 내륙으로 이동했어. 이성계는 황산(전라북도 남원)에서 왜구들과 맞닥뜨렸어. 왜구는 고려군에 맞서 악착같이 싸웠어. 그 수가 이성계가 거느린 고려군보다 훨씬 많았다고 해. 이성계는 이 전투에서 다리를 다쳤지만, 끝까지 군대를 지휘해 마침내 승리를 거두었어.

고려 말, 홍건적과 왜구로부터 나라를 지켜 낸 용맹한 장군 최영과 이성계는 백성들에게 큰 사랑과 지지를 받았단다.

홍건적 출신이 황제가 되었다고?

 원나라 말 나라가 크게 혼란해지자 그동안 몽골의 지배를 받던 한족이 반란을 일으켰어. 이들은 머리에 붉은 수건을 두르고 다녔기 때문에 '홍건적'이라 불렸지. 원나라는 홍건적을 겨우 진압했지만 반란의 불씨는 꺼지지 않고 계속 타올랐어. 이곳저곳에서 농민들이 반란을 일으켜 나라는 더욱 혼란해졌지.

 이때 반란군을 지휘하던 주원장이라는 사람이 있었어. 주원장은 어려서부터 집이 가난해서 굶어 죽지 않기 위해 머리를 깎고 승려가 되었지. 주원장은 나라 곳곳을 돌아다니며 민중들의 목소리를 들었어. 그리고 홍건적이 반란을 일으켰을 때, 거기에 가담해서 잇달아 공을 세우며 주목을 받았지.

 주원장은 점점 세력을 불려 결국 1368년 원나라의 수도 대도를 점령했어. 당황한 원나라 황실은 수도를 포기하고 북쪽 초원으로 달아났지. 주원장은 나라 이름을 '명'이라 정하고 스스로 황제 자리에 올랐어.

금속 활자로
책을 찍어 냈다고?

"큰스님들의 가르침을 책으로 만듭시다."
"좋은 생각이에요. 이걸로 찍어 내면 어떨까요?"
절 안에서 마당을 쓸던 개똥이는 스님들이 뭔가 의논하는 모습을 보았어. 스님들은 아마도 책을 만들려고 하나 봐.
스님들은 어떤 방법으로 책을 펴냈을까?

옛날에 책을 만들 때는 사람이 한 글자 한 글자 손으로 베껴 썼어. 그런데 일일이 손으로 베끼다 보니 책을 만드는 데 시간이 너무 오래 걸리고 잘못 옮겨 써 글자를 틀리거나 빠뜨리는 일이 많았지. 책값도 무척이나 비쌌어. 그래서 사람들은 책을 빠르게 만들기 위해 글자를 나무판에 새겨 찍어 내는 목판 인쇄술을 발명했어. 인쇄술은 고려 시기에 눈부시게 발전했지. 앞에서 살펴보았던 팔만대장경이 고려의 뛰어난 목판 인쇄 기술을 잘 보여 준단다.

고려는 목판뿐만 아니라 금속 활자를 이용해 책을 찍어 내기도 했어. 한 글자 한 글자를 금속으로 새긴 것을 '활자'라고 해. 그 활자를

나무로 만든 틀에 짜맞춰 책을 찍어 냈어. 이런 인쇄 방식을 활판 인쇄라고 부르지. 개똥이가 일하던 절의 스님들도 이 금속 활자를 이용해 책을 찍어 내려 한 거야.

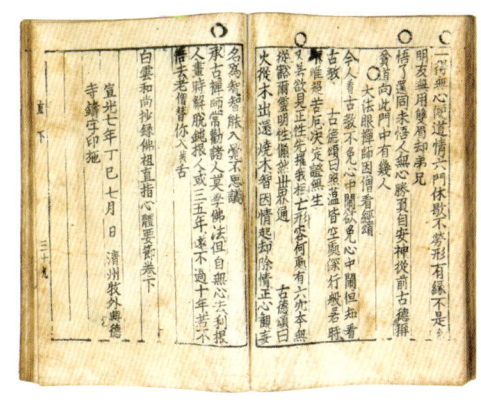

▲ 《직지심체요절》
1377년 충북 청주 흥덕사에서 금속 활자로 찍어 펴낸 책이야. 우리나라가 아닌 프랑스 국립 도서관에 소장되어 있어.

금속 활자로 찍어 낸 것들 중 오늘날 남아 있는 가장 오래된 것으로 여겨지는 책은 《직지심체요절》이야. 2001년 유네스코 세계 기록 유산에 등재되었어. 백운 화상이라는 승려가 쓴 책이기 때문에 《백운화상초록불조직지심체요절》이라고도 불려.

목판 인쇄술이 발달한 고려에서 금속 활자로 책을 찍어 낸 이유는 뭘까? 목판으로 책을 찍으려면 책의 쪽수만큼 목판이 필요해. 글자를 옮기거나 조합할 수 없기 때문에 찍어야 할 내용을 그대로 다 새겨야 했거든. 그래서 완성하려면 꽤 오랜 시간이 걸렸어. 그렇지만 금속 활자를 이용한 활판 인쇄술은 한 번 글자를 만들어 놓으면 언제든 필요한 글자들만 모아 책을 찍을 수 있었어. 활판 인쇄는 목판 인쇄보다 힘과 시간이 덜 들면서도 훨씬 빠르게 책을 만들 수 있었던 거야.

하지만 금속 활자는 만드는 데 비용이 너무 많이 들고 활자가 고르지 못했기 때문에 품질이 좋지 못했어. 종이에 활자를 찍어 내면 글자가 뭉개지거나 흔들려 나오는 경우가 많았지. 그래서 조선 시대까지도 대부분의 책을 금속 활자보다는 목판으로 만들었단다.

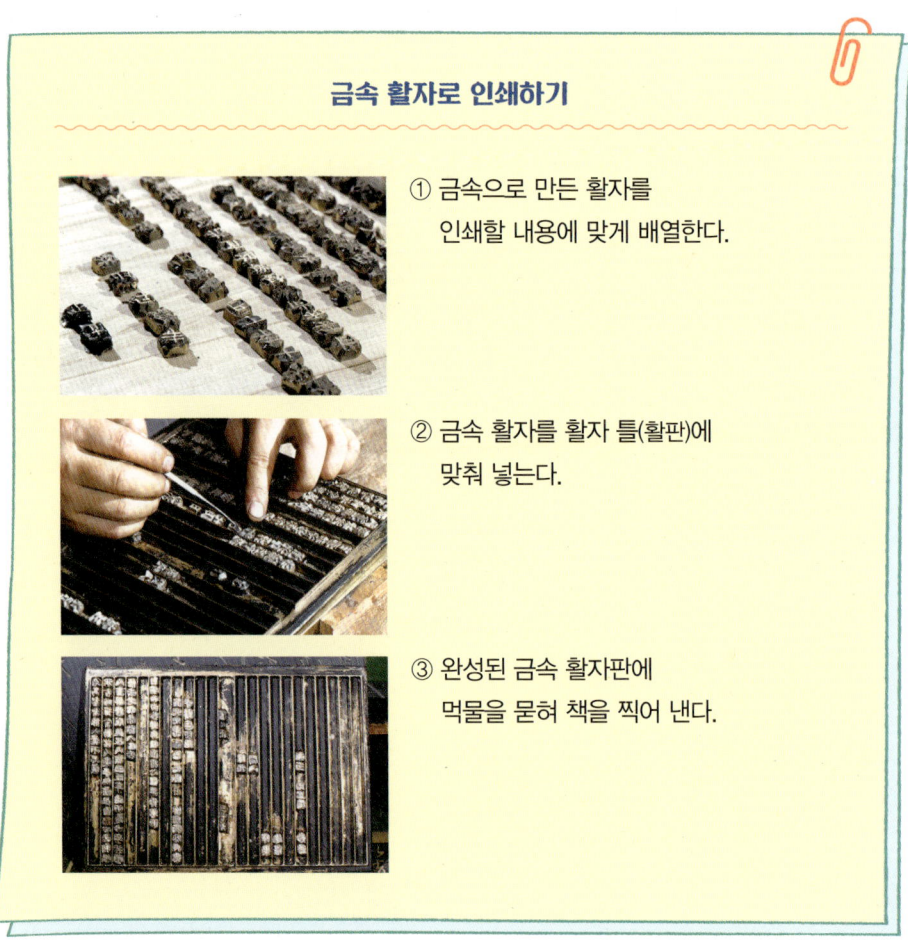

금속 활자로 인쇄하기

① 금속으로 만든 활자를 인쇄할 내용에 맞게 배열한다.

② 금속 활자를 활자 틀(활판)에 맞춰 넣는다.

③ 완성된 금속 활자판에 먹물을 묻혀 책을 찍어 낸다.

서양에서도 금속 활자로 책을 찍어 냈다고?

서양에서도 1450년경 독일의 요하네스 구텐베르크라는 사람이 금속 활자로 책을 찍어 내는 인쇄 기술을 발명했어. 구텐베르크는 납으로 활자를 만들고, 포도나 올리브 짜는 기계를 개량해 인쇄기를 만들었지. 그리고 《구텐베르크 성서》로 불리는 성경 180부를 인쇄기로 찍어 냈어. 이전까지는 성경을 책으로 만들 때 사람이 일일이 손으로 베껴 썼다고 해. 그러다 보니 성경 한 권을 만드는 데 3년 정도 시간이 걸렸어. 사람이 손으로 직접 제작하는 만큼 책값도 무척 비쌌어. 그런데 구텐베르크의 인쇄술이 유럽 전역에 널리 보급되면서 빠른 시간에 많은 책을 만들 수 있었어. 책값도 예전에 비해 저렴해졌지. 책이 널리 보급되면서 학문의 발달이 급속도로 진행되었어. 유럽에서 일어난 종교 개혁과 과학 혁명도 인쇄술의 덕을 크게 보았던 것이지.

▲ 구텐베르크의 인쇄 공장을 묘사한 그림

▲ 《구텐베르크 성서》

화약과 화포를 만들어 왜구를 물리쳤다고?

영삼이는 공터 근처에서 놀다 분주히 무언가를 준비하는 관리들을 보았어. 관리들은 둥근 물건에 불을 붙이고 있었어. 그리고 좀 떨어진 곳에서 불을 붙인 심지가 타들어 가는 걸 지켜보았지. 얼마 뒤 "펑!" 하는 큰 소리가 났어.
이 사람들은 어떤 실험을 했던 걸까?

고려 말 최무선은 화약과 화포를 발명해 왜구를 물리치는 데 중요한 역할을 했단다. 화약은 중국 송나라 때 발명되었어. 송나라는 주변 나라에 화약을 수출했지만, 화약을 만드는 방법만큼은 절대 다른 나라에 알려 주지 않았어. 이는 송나라의 뒤를 이은 원나라와 명나라도 마찬가지였지.

최무선은 고려에서 이리저리 활개 치는 왜구를 보며 이들을 몰아내려면 아주 강력한 무기가 필요하다고 생각했어. 그래서 화약을 만들기 위해 연구를 거듭했지. 화약은 유황과 목탄, 그리고 염초라는 재료를 섞어 만들어. 특히 염초는 화약의 핵심 원료로, 만드는 비법은 철저하게 비밀에 부쳐졌지. 최무선은 수많은 실험 끝에 염초 만드는 법을 알아내 화약을 완성했어. 고려 조정은 '화통도감'을 설치하고 화약 무기를 만들었어. 영삼이가 본 것은 관리들이 화약을 만들어 실험하는 모습이었던 거야.

화통도감에서는 연구 끝에 많은 화약 무기를 만들어 냈어. 그중에 대표적인 것이 '주화'야. 주화는 화살에 화약을 매달아 날리는 무기로 우리나라 최초의 로켓 무기라고 할 수 있지. 하지만 주화를 비롯해 고려 시대에 만들어진 화약 무기는 현재 남아 있지 않아. 다만 조선 시대에 만들어진 것을 보며 그 모습이 어땠는지 짐작할 수 있을 뿐이지.

여러 종류의 화약 무기를 만들었지만, 왜구를 물리치기 위해서는 한 가지 해결해야 할 것이 있었어. 왜구는 배를 타고 해안가에 나타났다가 사라지기 때문에 화약 무기를 재빠르게 실어 나를 필요가 있었어. 그러니 무기를 수레에 실어 육지로 옮기는 것보다는 배로 옮기는 것이 더 좋은 방법이었지. 최무선은 화약 무기를 실어 나르고 화포를 쏘기 알맞은 배를 만들었어. 그리고 바다에서 싸울 수 있도록

 수군을 모아 훈련을 시켰어. 이제 어느 곳이든지 왜구가 나타나면 빠르게 달려갈 준비가 되었지.

 화통도감이 설치되고 3년쯤 되던 어느 날, 금강 하류 지역인 진포에 왜구가 나타났다는 소식이 전해졌어. 드디어 고려의 수군이 화포를 배에 싣고 출동했지. 왜구는 약 500여 척의 배를 이끌고 고려를 침략했지. 고려 수군이 도착할 무렵, 왜구는 이미 해안가에 상륙해 재물을 약탈하고 백성들을 괴롭히고 있었어. 고려 수군은 100여 척의 배를 이끌고 진포에 도착했어. 수군들은 곧바로 배에서 포를 쏘아 왜

고려 시대 화약 무기

① 질려포: 날카로운 쇳조각과 화약을 넣어 폭발시키는 무기로 크기가 여러 가지였어.

② 주화: 화약의 추진력으로 스스로 멀리 날아가는 화살이야. 우리나라 최초의 로켓 무기라고 할 수 있지.

③ 화전: 화약을 붙인 화살에 불을 붙여 발사하면 목표물에 도착해서 폭발하는 무기야.

④ 대장군포: 최무선이 만들었다고 전해지지만 자세한 내용은 남아 있지 않아. 철촉이 달린 화살(대전)을 발사하는데 오늘날의 로켓 같은 모양이야.

⑤ 이장군포(왼쪽)와 삼장군포(오른쪽): 장군포는 손으로 불을 붙이는 형태의 화포를 말해. 이장군포와 삼장군포는 최무선이 개발했다는 것 외에 자세한 내용은 전해지지 않아.

구가 타고 온 배를 모두 불태워 버렸지. 살아남은 왜구는 육지 깊숙한 곳으로 도망쳤어. 이렇게 도망친 왜구는 황산에서 이성계에게 아주 혼쭐이 났지. 최무선과 고려 조정이 화약과 화포를 열심히 연구하고 개발한 때문에 진포에서 왜구를 크게 무찌를 수 있었어.

조선 시대로 이어진 화약 무기 개발

고려의 화약 무기 제작 기술은 조선 시대로 이어졌어. 최무선의 화약 제조 방법을 전해 받은 사람은 그의 아들 최해산이야. 최해산은 조선 시대에 무기 만드는 관청에서 일하면서 새로운 화약 무기를 만들어 냈어. 그중 대표적인 것이 화차였어. 화차는 화약 무기를 수레에 실어 발사할 수 있게 한 무기야. 화차를 더욱 발전시킨 사람은 세종 대왕의 아들이자 조선 제5대 왕인 문종이야. 문종은 화차 위에 화약을 단 화살인 신기전을 놓을 수 있게 만들어서 군사 3~4명이 적 50~100명을 공격할 수 있도록 했대.

'신기전'은 귀신같은 기계 화살이란 뜻이야.

위화도에서 군대를 돌렸다고?

"비가 많이 내립니다. 더는 이 섬에서 버틸 수 없습니다."
"할 수 없군. 개경으로 돌아가자!"
한 장수가 군대를 돌려 개경으로 돌아가기로 했어. 전장에서 절대 되돌아오지 말라는 임금의 명을 어기는 것이었지만 이대로 전쟁을 계속할 수는 없었지.
군대를 돌리라고 명령한 이 장수는 누구일까?

고려는 중국에 새롭게 들어선 명나라와 외교 관계를 맺었어. 그런데 명나라가 쌍성총관부가 있던 철령 북쪽 지역을 자신들이 직접 다스리겠다고 고려에 일방적으로 통보했어. 고려는 이를 받아들일 수 없었지. 우왕과 최영은 명나라가 차지한 요동˚ 지방을 공격하기로 결정했어. 이성계를 비롯한 많은 신하가 요동 정벌을 반대했지. 하지만 우왕과 최영의 결정을 바꿀 수는 없었단다.

요동
중국 만주 지방의 남부 평야를 흐르는 랴오허강의 동쪽 지역을 뜻해.

결국 이성계는 왕의 명령에 따라 군대를 이끌고 요동 정벌에 나섰어. 고려군은 요동 지방으로 들어가기 위해 압록강 건너 위화도라는 섬에 머물렀지. 그런데 장마로 강물이 불어나는 바람에 발이 묶였어. 이성계는 고려 조정에 철수를 허락해 달라고 요청했어. 그러나 우왕과 최영은 이를 받아들이지 않았지. 이성계는 위화도에 계속 머물면 군사들이 위험에 빠질 수 있다고 생각했어. 그래서 명령을 어기고 군대를 되돌렸지. 또 무리하게 요동 정벌을 밀어붙인 최영을 벌해야 한다고 주장했어. 이 사건을 '위화도 회군'이라 불러. '회군'은 군대를 돌

린다는 뜻이야.

 이성계는 개경으로 군대를 이끌고 와 최영과 우왕을 몰아냈어. 그리고 자신을 지지하는 신진 사대부와 함께 권력을 장악했지. 얼마 후 이성계와 신진 사대부는 우왕의 아들 창왕도 끌어내렸어. 이성계와 신진 사대부는 권문세족들이 불법적으로 차지한 토지와 세금 문제를 해결하려 했어. 그런데 개혁을 추진하는 과정에서 신진 사대부의 의견이 둘로 나뉘었지. 이색 등 온건파는 제도를 완전히 바꾸는 대신 고려의 원래 제도에서 문제점만 해결하면 된다고 생각했어. 반면 정도전과 같은 급진파는 새로운 토지 제도를 만들어야 한다고 주장했어.

　결국 이성계와 급진파는 새 토지 제도인 '과전법'을 시행했어. 권문세족이 불법으로 차지한 토지를 몰수해 토지 문서를 불태우고, 전국의 모든 땅에 나라가 세금을 거둘 수 있게 만들었지. 그리고 일부 지역만 새로운 관리가 세금을 걷을 수 있게 했어. 또 백성들에게 수확량의 10분의 1만 내도록 했지. 세금 또한 함부로 올리지 못하게 했어. 새로운 관리와 백성들 모두 과전법을 환영했지.
　이성계와 그를 따르는 신진 사대부의 세력은 점점 커지고 있었어.

이를 지켜보던 정몽주는 이성계가 왕이 되려고 한다고 생각했지. 그때까지 이성계와 뜻을 함께하던 정몽주는 자신만은 고려 왕조를 지키겠다고 결심했어.

그런데 이성계가 말에서 떨어져 크게 다치는 일이 일어났어. 정몽주는 이 틈을 이용해 이성계를 따르는 사람들을 관직에서 물러나게 하고, 이성계마저도 없애려 했지. 하지만 정몽주의 계획은 실패했어. 오히려 이성계를 살피러 병문안을 왔다가 돌아가던 길에 이성계의 아들 이방원이 보낸 사람들에게 죽임을 당했지. 정몽주를 비롯해 고려를 지키려던 온건파 신진 사대부들이 제거되자, 이성계와 급진파 신진 사대부는 마침내 새로운 나라 조선을 세웠단다.

이런들 어떠하리 저런들 어떠하리
만수산 드렁칡이 얽혀진들 어떠하리
우리도 이같이 얽혀 백 년까지 누리리라

이방원이 정몽주에게 새 왕조를 여는 일에 함께할 것을 권유하며 지은 〈하여가〉

이 몸이 죽고 죽어 일백 번 고쳐 죽어
백골이 진토되어 넋이라도 있고 없고
임 향한 일편단심이야 가실 줄이 있으랴

정몽주가 고려 왕조에 충성할 것이라는 마음을 담아 지은 〈단심가〉

위화도 회군의 이유?

생각 톡톡

 이성계는 우왕과 최영이 추진한 요동 정벌에 문제가 있다고 생각했어. 그래서 다음과 같이 네 가지 이유를 들어 요동 정벌에 반대했지. 이것을 4불가론이라고 해.

> 작은 나라가 큰 나라(명나라)에 거역하는 것이 첫 번째 옳지 못함이요, 농사철에 군사를 동원하는 것이 두 번째 옳지 못함이요, 온 나라 군사를 동원하여 멀리 정벌하면 왜적이 그 허술한 틈을 탈 것이니 세 번째 옳지 못함이요, 지금 한창 장마철이므로 아교가 녹아 활이 풀어지고 많은 군사가 역병을 앓을 것이니 네 번째 옳지 못함입니다.

 이성계가 군대를 이끌고 위화도에 갔을 때 비가 많이 와서 강을 건너기 쉽지 않았다고 해. 그리고 군대를 돌려 나오자 곧 위화도가 물에 잠겼대. 이렇게 본다면 4불가론이 전혀 근거 없는 주장은 아니었던 것 같아. 나라면 이성계의 4불가론을 듣고 요동 정벌에 대해 어떤 결정을 내렸을지 생각해 봐.

연표

1231년
몽골, 고려 침입

1232년
강화도로 수도를 옮김

1251년
팔만대장경 완성

1359년
제1차 홍건적의 침입

1361년
제2차 홍건적의 침입

1376년
최영, 홍산에서 왜구 격파

1380년
이성계, 황산에서 왜구 격파

1259년 고려와 몽골 강화 체결

1270년 개경으로 다시 수도를 옮김

1273년 고려·몽골 연합군 삼별초 진압

1281년 일연, 《삼국유사》 간행

1356년 공민왕, 정동행성 폐지, 쌍성총관부 되찾음

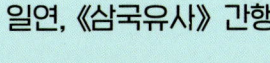

1392년 고려 멸망·조선 건국

1388년 이성계, 위화도 회군

찾아보기

《삼국사기》 37, 38, 40
《삼국유사》 37, 38, 39, 103
《직지심체요절》 83

강화산성 11
고려양 33
공녀 32, 50
공물 9, 12, 31, 32
공민왕 54, 57, 62, 63, 64, 65, 66, 67, 72, 74, 77, 78, 103
권문세족 48, 49, 50, 51, 64, 65, 71, 72, 97, 98
금속 활자 82, 83, 84, 85
귀주성 10, 11

대도 28, 70, 80
대장경 18, 20
대장경판 13, 18, 19, 20, 22
대장도감 18

몽골풍 32, 33

배흘림기둥 55, 56
변발 61, 63
불경 19, 20, 21
불화 59

삼별초 24, 25, 26, 27, 103
성균관 72, 74
성균관 명륜당 74
성리학 69, 70, 71, 72
승과 36
쌍성총관부 31, 63, 64, 78, 96, 103

안향 70, 71
역참 28
용장성 11, 26
우왕 54, 72, 77, 96, 97, 101
위화도 95, 96, 101

위화도 회군	96, 101, 103	패자	28
유라시아	8		
응방	31, 49	화전	91
일연	36, 37, 38, 39, 103	화포	79, 87, 88, 89, 90, 91, 92
		황산	79, 92, 101
장경판전	21, 22	황산 대첩	80
정도전	71, 72, 73, 74, 97	합천 해인사	20, 21, 22
정몽주	71, 72, 73, 74, 98, 99, 100	호복	63
주원장	80	홍건적	65, 75, 77, 78, 79, 80
주화	88, 89, 91	홍산	78, 101
		황룡사 9층 목탑	13, 18
칭기즈 칸	8		
쿠빌라이 칸	14		
탱화	59		
파르테논 신전	55		
팔만대장경	17, 20, 21, 22, 82, 101		

사진 저작권

8 칭기즈 칸(퍼블릭도메인)

9 몽골군과 유럽 연합군의 전투(퍼블릭도메인)

11 강화산성(국가유산청)

14 쿠빌라이 칸(퍼블릭도메인)

16 고려궁지(게티이미지코리아)

20 합천 해인사의 대장경판(국가유산청)

21 합천 해인사 장경판전(셔터스톡)

22 합천 해인사의 장경판전 외부(게티이미지코리아)

26 진도 용장성(게티이미지코리아)

27 제주 항파두리 항몽 유적(국가유산청)

28 원나라의 역참 통행증 패자(RadioFan)

37 《삼국유사》(국가유산청)

54 영주 부석사 무량수전(국가유산청)

55 그리스 아테네의 파르테논 신전(셔터스톡)

57 안동 봉정사 극락전(국가유산청)

58 예산 수덕사 대웅전(국가유산청) | 경주 불국사 비로자나불(국가유산청)

59 고려 수월관음보살도(호림박물관)

67 종묘 공민왕 신당에 있는 〈공민왕과 노국 대장 공주의 초상화〉(국립고궁박물관)

71 안향의 초상화(국립중앙박물관)

72 이색 초상화(국가유산청) | 정몽주 초상화(국립중앙박물관)

74 성균관 명륜당(국가유산청)

83 《직지심체요절》(복제본)(원주역사박물관)

84 금속 활자 낱글자(국가유산청) | 금속 활자 조판(국가유산청) | 금속 활자판(국가유산청)

85 구텐베르크의 인쇄 공장을 묘사한 그림(셔터스톡) | 《구텐베르크 성서》(셔터스톡)

* 이 책에 쓴 사진은 해당 사진을 보유하고 있는 단체와 저작권자의 허락을 받았습니다.
* 저작권자를 찾지 못해 사용 허락을 받지 못한 사진은 저작권자를 확인하는 대로 허락을 받고, 출처를 표시하며 통상의 사용료를 지불하겠습니다.

생각을 여는 **처음탄탄 한국사 04**

초판 1쇄 발행 2024년 10월 01일

글 김현숙 **그림** 김지희
발행처 주식회사 스푼북 **발행인** 박상희 **총괄** 김남원
편집 길유진 김선영 박선정 김선혜
디자인 이지숙 권수아 정진희 **마케팅** 구혜지 박미소
출판신고 2016년 11월 15일 제2017-000267호
주소 (03993) 서울시 마포구 월드컵북로6길 88-7 ky21빌딩 2층
전화 02-6357-0050(편집) 02-6357-0051(마케팅)
팩스 02-6357-0052 **전자우편** book@spoonbook.co.kr

ⓒ 김현숙, 김지희 2024
ISBN 979-11-6581-552-3 (73910)

* 저작권법에 의하여 한국 내에서 보호를 받는 저작물이므로 무단 전재와 무단 복제를 금합니다.
* 잘못 만들어진 책은 구입하신 곳에서 바꾸어 드립니다.

KC	**제품명** 생각을 여는 처음탄탄 한국사 04	**⚠ 주 의**
	제조자명 주식회사 스푼북 | **제조국명** 대한민국 | **전화번호** 02-6357-0050	아이들이 모서리에 다치지
	주소 (03993) 서울시 마포구 월드컵북로6길 88-7 ky21빌딩 2층	않게 주의하세요.
	제조년월 2024년 10월 01일 | **사용연령** 10세 이상	
	※ KC마크는 이 제품이 공통안전기준에 적합하였음을 의미합니다.	